REDDITO PASSIVO

REDDITO PASSIVO

La rivoluzione per la libertà

REDDITO PASSIVO

 REDDITO PASSIVO

CONTENUTI

Iniziamo

Cos'è il reddito passivo

Uso del reddito residuo

Uso del reddito con leva

Utilizzo del reddito attivo con leva

Uso di Internet Marketing

Utilizzando Network Marketing

Uso di beni immobili

Uso di blog

Stabilisci obiettivi e pianifica

La mentalità necessaria per un reddito passivo

Pensieri finali

 **REDDITO PASSIVO**

 REDDITO PASSIVO

Iniziamo

Qualsiasi reddito in cui l'individuo non deve guadagnare fisicamente è chiamato reddito passivo. Questo è, ovviamente, un modo molto interessante per guadagnare un reddito, e infatti quelli abbastanza fortunati da guadagnarsi da vivere in questo modo sono molto felici.

Il passaggio al reddito passivo

Genera carichi di camion di reddito passivo e vive le quattro ore di lavoro settimanali.

 REDDITO PASSIVO

Cos'è il reddito passivo

Attualmente ci sono alcuni modi molto popolari e comuni per guadagnare reddito passivo. Scrivere un nuovo brano o una canzone o persino un jingle e venderlo come proprietà commerciale genererà un reddito passivo molto redditizio. L'apertura di un conto di risparmio bancario è un altro modo per indurre l'individuo a risparmiare alcuni interessi residui semplicemente risparmiando denaro, anche se non è molto e spesso fluttua al capriccio e alla fantasia dei sistemi bancari.

Impara le basi

L'avvio di un'attività multilivello è un altro modo per generare reddito passivo. Ci sono alcune aziende multilivello che non richiedono il normale lavoro di reclutamento e vendita di prodotti, ma solo di utilizzarli.

Diventare un consulente per prodotti finanziari non è solo una buona fonte di reddito passiva, ma anche un modo per espandere la tua base di clienti.

Per coloro che hanno un po 'più di denaro da risparmiare, possono prendere in considerazione altri investimenti che potrebbero generare profitti. L'acquisto di un immobile e l'affitto lo aiuta a pagare il prestito, quindi non richiede un impegno finanziario immediato.

Esistono molti modi innovativi per guadagnare denaro con il motore di Internet. Basta un po 'di tempo per cercare gli strumenti di business legittimi. Uno degli strumenti più popolari è la creazione di informazioni personali per e-book e altri strumenti di vendita online che potrebbero richiedere cambiamenti di lingua.

REDDITO PASSIVO

Il modo più rischioso per guadagnare reddito passivo sarebbe quello di investire in vari titoli e obbligazioni. Tuttavia, i livelli di rischio sono piuttosto elevati e spesso non ne valgono la pena.

REDDITO PASSIVO

Uso del reddito residuo

Dopo aver pagato tutti gli impegni mensili, il denaro in eccesso è noto come reddito residuo. Questo reddito può essere di grande aiuto per un individuo ed è normalmente legato al gruppo di reddito più consolidato. Questo è anche il modo in cui il settore bancario calcola la probabilità di assumere un impegno di prestito con i propri clienti. Questo è un reddito che continua anche a dare ben oltre il lasso di tempo del primo acconto.

Cos'è rimasto

Esistono molti modi per provare a guadagnare reddito residuo. Scrivere, ad esempio, è un modo per avventurarsi in questo campo di guadagno residuo.

 REDDITO PASSIVO

Se il materiale di scrittura è buono ci sarebbe l'opportunità di vendere i diritti, e così è con altre strade come scrivere un programma software fattibile, comporre una canzone, inventare un gadget e molti altri.

Diventa famoso come forse come attore o cantante, dove i pagamenti vengono ancora ricevuti ogni volta che il lavoro svolto in precedenza viene riutilizzato. Quando questo viene fatto per altre modalità di intrattenimento, quell'artista guadagna un reddito residuo sotto forma di determinate percentuali della performance iniziale originale.

Ottenere reddito residuo dagli immobili è forse uno degli stili più popolari di investimento con questa intenzione in mente. Se questo tipo di reddito residuo è fatto bene, è il più ideale e redditizio.

 REDDITO PASSIVO

Altri modi molto più semplici per guadagnare reddito residuo includono l'avvio di un piano di risparmio in tenera età. Mantenerlo diligentemente contribuirebbe a garantire una pensione confortevole in cui il reddito residuo sarebbe di grande aiuto.

I migliori tipi di piani di reddito residuo sono normalmente quelli in cui l'individuo ha una completa autonomia su come, dove e quando il prodotto viene utilizzato. Potendo dettare i metodi di utilizzo, l'individuo ha anche l'ultima parola su come sta andando la promozione generale e altri aspetti dell'invenzione.

Uso del reddito con leva

Questo è forse uno dei modi più vantaggiosi per creare la possibilità di avere un reddito continuo in uno scenario a lungo termine.

Utilizzando lo stile di leva finanziaria, l'individuo guadagna più denaro con molto meno sforzo semplicemente perché i guadagni ottenuti non sono solo il risultato diretto dei propri sforzi, ma anche le fonti aggiuntive degli sforzi degli altri.

Utilizzando

Idealmente, la maggior parte delle persone lavora per cercare di guadagnare questo tipo di reddito sia a breve che a lungo termine. Nei suoi termini più elementari, gli utili a leva consentono all'individuo di concentrarsi su altri sforzi una volta iniziate le fasi iniziali di creazione e gestione di un determinato progetto. Questo progetto viene quindi lasciato per generare reddito senza la necessità di impegni quotidiani più particolari da parte dell'investitore o dell'inventore.

La maggior parte delle persone che sono finanziariamente a proprio agio si sono avventurati in questo tipo di investimento, con l'intenzione di generare un qualche tipo di reddito con leva. Trascorrere un po 'di tempo e sforzi per completare un progetto e poi fare un passo indietro mentre il progetto si esegue da solo è, in effetti, l'ambiente perfetto. Pertanto, questo stile di leva del potere d'acquisto offre all'individuo la possibilità di ritirarsi presto e godersi i frutti del proprio lavoro senza il fastidio di dover supervisionare il raid o di essere coinvolto fisicamente.

Oltre ai vari rami di investimento che possono essere utilizzati per generare reddito con leva, l'avvio di un'azienda o un network marketing è anche un altro dei modi più popolari per generare questo stile di reddito. Questo, ovviamente, richiede inizialmente un po 'di duro lavoro, ma una volta che l'attività è stata avviata, non sarà più necessario essere coinvolti come nelle fasi iniziali.

 REDDITO PASSIVO

Utilizzo del reddito attivo con leva

Gli utili a leva attivi operano più o meno con gli stessi principi del normale formato degli utili a leva, con una distinzione significativa.

In questo stile, l'individuo dovrà essere più pratico e avere una percentuale maggiore di partecipazione nella fase iniziale e in una fase stagnante durante il raid.

Azione

Il fatto di essere in grado di offrire un servizio o un prodotto che "continua a dare" su larga scala sarebbe, naturalmente, l'ideale, quindi lo studio di un tale prodotto o servizio può dare origine ad alcune opzioni abbastanza interessanti e praticabili.

REDDITO PASSIVO

Alcune delle semplici opzioni di reddito attivo attivo includerebbero conferenze di servizio e seminari di workshop. È anche utile condurre sessioni di formazione per le aziende, poiché il materiale utilizzato sarebbe già stato progettato come un formato di base da utilizzare più e più volte con solo alcune modifiche di volta in volta.

Progettare buoni moduli di studio a casa è anche un altro modo molto conveniente per ottenere lo stile di reddito con leva per una vita confortevole. Ciò richiede anche un investimento iniziale di tempo e sforzi che in genere crea la piattaforma per fonti di reddito continue e redditizie. In tal modo, consente all'individuo di concentrarsi su altre possibili incursioni per migliorare ulteriormente la base di reddito.

Le formule di maggior successo utilizzate in passato richiedevano solo all'individuo di concentrarsi sulla progettazione di un prodotto o servizio che sarebbe stato usato e

 REDDITO PASSIVO

riutilizzato in modo continuo e coerente, creando così il reddito desiderato che alla fine diventerebbe reddito con leva.

Esistono fondamentalmente tre tipi di stili di reddito con leva. Lo stile di leva attiva, lo stile di leva passiva e lo stile di leva di base.

Il suo intero stile richiede un certo grado di lavoro iniziale, ma se progettato ed eseguito bene, la mano del coinvolgimento a lungo termine può essere ridotta al minimo.

REDDITO PASSIVO

Uso di Internet Marketing

Il marketing su Internet è indicato anche da vari altri termini come marketing digitale, web marketing, marketing online, marketing di ricerca e marketing. Hanno tutti uno stile di marketing simile con solo una leggera differenza, ma hanno tutti l'intenzione primaria di fare soldi.

Rete

Questo stile di marketing è considerato piuttosto ampio e redditizio.

Questo stile può includere servizi come assistenza creativa e tecnica, progettazione, sviluppo, pubblicità e vendite. I vari possibili servizi che lo strumento di marketing su Internet può fornire includono il coinvolgimento interattivo dei clienti, un fornitore di motori di ricerca a fini di marketing, una piattaforma pubblicitaria e molti altri possibili strumenti di profitto.

L'uso dello strumento di marketing su Internet può fornire un approccio individuale che non è sempre possibile nel contesto del mondo "reale".

Questo approccio, sebbene piuttosto ampio e senza un indirizzo particolare, può essere raggiunto mediante l'uso di parole chiave inserite dall'utente al fine di ottenere le informazioni o il servizio richiesti.

La progettazione di strumenti di marketing che dovrebbero fare appello a specifici gruppi di interesse viene effettuata anche attraverso il percorso di marketing su Internet.

REDDITO PASSIVO

Questo stile ha creato la piattaforma per le connessioni da effettuare tra un tipico gruppo di segmenti e il prodotto promosso.

Il marketing di nicchia effettuato tramite lo strumento di marketing su Internet ha i suoi meriti. Il successo dello stile ha molto successo ed è sicuramente popolare tra coloro che hanno poco tempo e interesse a navigare in Internet. Pertanto, questo servizio fornito è molto vantaggioso per loro e ampiamente utilizzato anche.

I vantaggi della creazione di un'attività di marketing su Internet hanno molti vantaggi, che vanno dal possibile reddito elevato derivato dal ritmo del tempo libero che si può dettare. Tuttavia, nulla, naturalmente, arriva senza un certo livello di sforzo per vedere il successo desiderato ed essere lo strumento più comune negli affari in questo momento, vale la pena lo sforzo della ricerca.

Utilizzando Network Marketing

È una forma di marketing da persona a persona, c'è una reale necessità per le persone di uscire e cercare clienti che potrebbero essere interessati ai prodotti venduti. Questo metodo viene utilizzato quando è considerato migliore di ottenere qualsiasi attività commerciale tramite altri metodi come strumenti di marketing offline e online. Qui l'uso di rappresentanti indipendenti è la chiave per il successo dell'incursione aziendale.

Networking

Le campagne di assunzione vengono spesso condotte per cercare di convincere le persone a diventare singoli agenti o promotori di

un'azienda. Alcune di queste aziende seguono stili di marketing multilivello, mentre altre devono solo identificare potenziali distributori.

L'uso del network marketing per creare reddito residuo è un altro modo per offrire una vita più confortevole dal punto di vista finanziario. Questo modo di vincere è fatto al tuo ritmo e impegno. Fondamentalmente, più lavori, migliori sono le possibilità di ottenere un reddito residuo più elevato. L'individuo ha anche il privilegio di decidere con chi e quando condurre qualsiasi attività commerciale.

Questo è un aspetto molto importante per alcune persone che amano incontrare e fare nuove amicizie sfruttando al contempo una fonte di reddito aggiuntiva.

Questo metodo di solito comporta anche investimenti monetari molto limitati e non implica un impegno a lungo termine. Il motivo per cui molte persone scelgono di cimentarsi nel network marketing è a causa della promessa altamente redditizia di una prospettiva di reddito residuo. Vedere il successo di altri che hanno raggiunto uno stato finanziario confortevole è un buon punto di riferimento su cui concentrarsi nel perseguire le proprie ambizioni di persona per un reddito residuo buono e sano.

Un'altra cosa interessante da tenere a mente è che non esiste un limite di età per questo tipo di sforzo.

REDDITO PASSIVO

Uso di beni immobili

Questo è un altro modo per creare reddito residuo senza doversi limitare troppo a un particolare stile o requisito di impegno.

La richiesta di immobili per creare reddito residuo sta rapidamente guadagnando popolarità poiché il tasso di successo e la retribuzione possono essere piuttosto allettanti.

Proprietà

Alcuni dei fattori "pull" includono la capacità di controllare i livelli raggiunti in termini di reddito guadagnato. È molto raro che vengano stabilite quote o che gli agenti siano obbligati a rispettarle.

Tuttavia, per alcuni agenti immobiliari che sono collegati a determinate società, ci sono diversi programmi di incentivazione che sono stati messi in atto per aiutare a creare lo slancio per spingere gli agenti a standard di prestazione più elevati.

Creare la propria sicurezza personale con il reddito residuo derivante dalla vendita di immobili è anche un altro motivo interessante per avventurarsi in questo sforzo. Il reddito derivante da questo particolare tipo di reddito residuo vale sicuramente la pena lavorare per un piano di prepensionamento.

Quando si prende la decisione di avventurarsi nello stile immobiliare del reddito residuo, la sensazione di poter avere un certo controllo sulle proprie priorità è un vantaggio. Ciò consentirà inoltre all'individuo di esercitare un senso di responsabilità e impegno per vedere il successo della sua incursione nel settore immobiliare.

Ci sono anche alcuni vantaggi fiscali molto buoni nell'utilizzare gli immobili per ottenere una base di reddito residuo ordinata. Ciò può riflettersi nel sistema attualmente utilizzato per incoraggiare la vendita attiva di immobili. Pertanto, fornendo le agevolazioni fiscali necessarie, la persona ha maggiori probabilità di lavorare ancora di più per raggiungere un comodo obiettivo di reddito residuo.

Diversificare la capacità di guadagnare reddito residuo senza la seccatura di costituire una società o organizzazione separata è un'opzione migliore da considerare, poiché il raid immobiliare non richiede realmente queste strutture.

Uso di blog

L'uso di questo metodo per guadagnare reddito residuo è una necessità in questo momento. Per coloro che sono esperti di Internet, questo è un ottimo modo per rimanere nel business della creazione di reddito residuo per te stesso.

Pensare che avere un certo livello di esperienza sia qualcosa di necessario non è assoluto poiché tutti devono iniziare da qualche parte.

Imparare come utilizzare le migliori tecniche disponibili per creare blog di successo sarà direttamente correlato alla quantità di reddito residuo derivato.

Registri Web

Al fine di ottenere un reddito residuo abbastanza redditizio dai blog, ci deve essere un certo impegno. Il successo del blog dipende in gran parte dai livelli di interesse dell'individuo e dalla capacità di cercare informazioni pertinenti al fine di garantire che i post del blog siano interessanti e coinvolgenti.

Concentrarsi sull'aspetto promozionale del blog garantirà l'esposizione necessaria per rendere il blog il più visitato possibile. Promuovere i propri contenuti su un sito Web di social media e lasciare informazioni pertinenti sul sito Web garantirà che il blog sia ben collegato. Questo sta anche creando le percentuali più elevate richieste quando c'è più traffico generato attraverso i siti di riferimento.

 REDDITO PASSIVO

La pubblicazione dei post del blog della persona fornirà anche una fonte di reddito, poiché la persona è in grado di addebitare gli annunci. Ciò è applicabile solo se il traffico verso detto sito di blog è elevato, pertanto, ci saranno molte altre persone o società disposte a pagare per apparire come annunci sul sito di blog, con l'intenzione che a sua volta porterà traffico al loro anche i siti.

Far in modo che altre persone scrivano cose interessanti che sono poi presenti sul proprio blog personale è un ottimo modo per mantenere il blog interessante e diversificato.

Stabilisci obiettivi e pianifica

Piani e obiettivi vanno di pari passo, senza che l'altro sia ridondante.

Mantenere questi due elementi molto presenti nella vita di una persona è la chiave per rimanere concentrati sull'ottenere migliori condizioni di vita ad ogni passo verso il futuro.

Alcuni suggerimenti

Nella maggior parte degli scenari il denaro gioca un ruolo importante nell'essere il fattore motivante che spinge l'individuo. I livelli di motivazione di un individuo sono, infatti, ciò che guida lo sforzo verso i livelli di successo raggiunti.

Poiché la maggior parte delle persone oggi è alla ricerca di modi più semplici per fare soldi, la nascita di molti nuovi sforzi sembra essere quasi quotidiana. Sempre più modi creativi sono stati ideati con l'intenzione principale di fare soldi il più velocemente e il più velocemente possibile.

Una volta che un individuo ha deciso un obiettivo, il passo successivo sarebbe ideare un piano adatto per raggiungerlo con successo. Punti come la commerciabilità, i livelli di impegno, gli investimenti finanziari, la manodopera sono solo alcune delle cose da considerare quando si fanno piani.

Il tempismo è anche un altro aspetto molto importante da tenere presente quando si pianificano di raggiungere il proprio obiettivo. La maggior parte degli obiettivi può essere raggiunta con un certo grado di impegno, ma per garantire che l'entusiasmo iniziale non venga perso, è necessario stabilire un calendario adeguato. Ciò non solo garantirà il raggiungimento dell'obiettivo, ma manterrà anche l'attenzione individuale sul raggiungimento rapido.

Prendersi il tempo di considerare seriamente le ambizioni dell'individuo aiuterà ad avere un'idea più chiara di quali dovrebbero essere gli obiettivi e i piani. Identificarlo è la cosa più importante per garantire che il piano e gli obiettivi siano elaborati e completati con successo. Conoscere le proprie capacità ed essere realistici quando si decidono obiettivi e piani è anche un modo di essere saggi e prudenti.

La mentalità necessaria per un reddito passivo

Quelle persone che si sono avventurati con successo nello stile di reddito passivo di creare un reddito per se stessi hanno scoperto di avere una mentalità molto diversa rispetto all'individuo medio.

Queste persone sono generalmente guidate dall'ambizione e dal denaro e faranno del loro meglio per raggiungere entrambi.

Nella ricerca di ottenere il reddito residuo desiderato attraverso mezzi passivi, l'individuo deve essere disposto a provare qualsiasi tipo di sforzo.

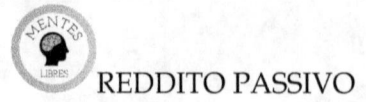 REDDITO PASSIVO

Quello di cui hai bisogno

In genere, l'individuo che sceglie di fornire un reddito residuo per se stesso attraverso lo stile di reddito passivo sono persone che sono altamente focalizzate e con una mentalità positiva. Un forte umore positivo è quasi un prerequisito per mantenere l'individuo sulla strada del successo.

Essere fiduciosi è anche un altro attributo necessario per questo tipo di sforzo. Poiché questo stile di reddito residuo non ha la pressione di dover rispondere ai superiori per non aver raggiunto una certa quantità di affari, l'individuo deve avere tutti gli attributi positivi necessari per essere in grado di spingersi al livello successivo.

Ciò è particolarmente necessario quando i livelli di energia sono bassi e associati al fatto che potrebbe essere evidente una mancanza di risultati visibili.

Pensieri finali

Ci sono molti imprenditori che hanno scelto di avventurarsi in questo tipo di arretrati. La maggior parte di loro ha già la spinta e l'obiettivo di avere un successo saldamente in atto e tutto ciò di cui hanno bisogno è di essere in grado di identificare lo sforzo rilevante che porterà a ciò che vogliono.

Sono sempre attenti a qualsiasi possibile via che consenta loro di creare uno scenario di reddito residuo salutare. Essere sempre consapevoli garantirà anche che siano molto consapevoli delle possibilità a loro disposizione.

Visita la nostra pagina degli autori su Amazon! E ottenere più libri di MENTES LIBRES!

https://www.amazon.it/MENTES-LIBRES/e/B08274DDV4?ref_=dbs_p_ebk_r00_abau_000000

Se lo desiderate, potete lasciare il vostro commento su questo libro cliccando sul seguente link in modo che possiamo continuare a crescere! Grazie mille per il vostro acquisto!

https://www.amazon.it/dp/B089P1SZGW

www.ingramcontent.com/pod-product-compliance
Lightning Source LLC
Chambersburg PA
CBHW050306220526
45465CB00002B/848